돼지들에게

개정 증보판

돼지들에게

최영미 시집

이미출판사

차례

1부 순진의 시련

012 착한 여자의 역습
014 돼지들에게
019 돼지의 본질
020 돼지의 변신
022 하늘에서 내려온 여우
024 비극의 시작
026 여우와 진주의 러브스토리
028 앵무새들
030 권위란 2
031 최소한의 자존심
032 자격
033 츠

내 영혼의 수몰지구 2부

굳은 빵에 버터 바르듯 037
햇빛 속의 여인 038
서울의 방 040
대화 상대 042
알겠니? 044
황혼 049
바람 부는 날 050
한국영화를 위하여 054
Korean Air 056
서른아홉 058
세기말, 제기랄 059
옛날 시인 060

3부 축구장에서 생각한 육체와 정신

065 공은 기다리는 곳에서 오지 않는다
066 정의는 축구장에만 있다
068 남북축구대회에 나타난 반공의 딸
069 닮은 꼴
070 인생보다 진실한 게임
071 축구는 내게
072 나는 왜 수비수가 되었나
073 인간의 두 부류

4부 달리는 폐허 위에서

077 노트르담의 오르간
078 베르사유의 가을
080 ICI REPOSE 여기 쉬다
081 베니스의 유령
082 발자크의 집을 다녀와

런던의 실비아 플라스 084
외국어로 고백하기 086
지중해의 노을 088

짐승의 시간, 인간의 시간 5부

시대의 우울 093
대학시절 사진을 달라는 기자에게 094
산과 바다 096
횡단보도를 건너며 097
권력의 얼굴 098
짐승의 시간 100
44년 전의 오늘 102
이장移葬 104
육체와 영혼에 대한 어떤 문답 105
눈 감고 헤엄치기 106

시인의 말 108
추천사 115

우리가 사랑했던 영혼이

우리가 미워했던 육체를 이기리라

1부
순진의 시련

착한 여자의 역습

제니는 착해
자기가 얼마나 착한지도 모르게 착해

그토록 착한 여자가 그토록 파괴적인 방식으로 자신을 밀어내리라곤 상상도 못했겠지. 쌍둥이 빌딩이 무너지던 날, 생중계되는 비극을 보며 나는 알았어. 제니가 당신에게 폭탄을 던진 거야. 그 파편에 제니가 맞을 줄은 몰랐지. 제니도 죽고 당신도 죽었지.

제니가 폭탄을 던지기 전에 그녀를 보내줘야 했어. 제니는 폭탄을 던졌는데, 당신은 꽃다발을 보냈지. 광화문의 꽃집에서 헤어진 여자를 위해 꽃을 고르는 사람을 상상해보지. 이름이 없는 꽃을 받고, 헤어지고 1년 뒤 제니의 생일이었지. 상상력이 부족한 남자는 상상력이 풍부한 여자에게 언젠가 당하게 되어 있지. 누가 누구에게 당했는지는…… 아직 안 끝났어. 이건 2막이야.

누가 누구를 정리했다고? 지금 뒤에서 수근대는, 앞에서 염탐하는 당신들을 실망시키지 않을 거야. 끝나지 않았어. 이건 리허설이야.

돼지들에게

언젠가 몹시 피곤한 오후,
돼지에게 진주를 준 적이 있다.

좋아라 날뛰며 그는 다른 돼지들에게 뛰어가
진주가 내 것이 되었다고 자랑했다.
허나 그건 금이 간 진주.
그는 모른다.
내 서랍 속엔 더 맑고 흠 없는 진주가 잠자고 있으니

외딴 섬, 한적한 해변에 세워진 우리집.
아무에게도 보여주지 않은 내 방의 장롱 깊은 곳에는
내가 태어난 바다의 신비를 닮은,
날씨에 따라 빛과 색깔이 변하는 크고 작은 구슬이
천 개쯤 꿰어지기를 기다리고 있음을……
사람들은 모른다.

그가 가진 건

시장에 내다 팔지도 못할 못난이 진주.

철없는 아이들의 장난감으로나 쓰이라지.

떠들기 좋아하는 돼지들의 술안주로나 씹히라지.

언제 어디서였는지 나는 잊었다.

비를 피하려 들어간 오두막에서

우연히 만난 돼지에게

(그의 이름은 중요하지 않다)

나도 몰래 진주를 주었다.

앞이 안 보일 만큼 어두웠기에

나는 그가 돼지인지도 몰랐다.

그가 누구인지 알고 싶지도 않았다.

내 주머니가 털렸다는 것만 희미하게 알아챘을 뿐.

그날 이후 열 마리의 배고픈 돼지들이 달려들어

내게 진주를 달라고 외쳐댔다.
내가 못 들은 척 외면하면
그들은 내가 가는 길목을 지키고 있다가
아무도 보는 사람이 없는지 확인한 뒤
우리집의 대문을 두드렸다.
"진주를 줘."
"내게도 진주를 줘."
"진주를 내놔."
정중하게 간청하다 뻔뻔스레 요구했다.
나는 또 마지못해, 지겨워서
그들의 고함소리에 이웃의 잠이 깰까 두려워
어느 낯선 돼지에게 진주를 주었다.
(예전보다 더 못생긴 진주였다)

다음 날 아침, 해가 뜨기도 전에
스무 마리의 살찐 돼지들이 대문 앞에 나타났다.

늑대와 여우를 데리고
사나운 짐승의 무리들이 담을 넘어와
마당의 꽃밭을 짓밟고 화분을 엎고
내가 아끼는 봉선화의 여린 가지를 꺾었다.
어떤 놈은 부끄러운 줄도 모르고
주인 없는 꽃밭에서 춤추고 노래했다.
그리고 힘센 돼지들이 앞장서서
부엌문을 부수고 들어와
비 오는 날을 대비해 내가 비축해놓은
빵을 뜯고 포도주를 비웠다.
달콤한 마지막 한 방울까지 쥐어짜며
파티는 계속되었다.
어린 늑대들은 잔인했고
세상사에 통달한 늙은 여우들은 교활했다.

나의 소중한 보물을 지키기 위해

나는 피 흘리며 싸웠다.
때로 싸우고 때로 타협했다
두 개를 달라면 하나만 주고
속이 빈 가짜 진주목걸이로 그를 속였다.
그래도 그들은 돌아가지 않았다.

나는 도망쳤다
나는 멀리, 그들이 보이지 않는 곳으로 도망갔다.
친구에게 빌린 돈으로 기차를 타고 배에 올랐다.
그들이 보낸 편지를 찢고 전화를 끊었다.
그래도 그 탐욕스런 돼지들은 포기하지 않는다.
긴 여행에서 돌아온 나는 늙고 병들어
자리에서 일어날 힘도 없는데
그들은 내게 진주를 달라고
마지막으로 제발 한번만 달라고……

돼지의 본질

그는 자신이 돼지가 아니라고 말한다
그는 스스로 훌륭한 양의 모범이라고 굳게 믿고 있다
신분이 높고 고상한 돼지일수록 이런 착각을 잘한다

그는 진주를 한 번 보고 싶었을 뿐
두 번, 세 번 보고 싶었을 뿐……
만질 생각은 없었다고
해칠 의도는 더더군다나 없었다고
자신은 오히려 진주를 보호하러 왔다고……

그러나 그는 결국 돼지가 된다
그들은 모두 돼지가 되었다

돼지의 변신

그는 원래 평범한 돼지였다
감방에서 한 이십 년 썩은 뒤에
그는 여우가 되었다

그는 워낙 작고 소심한 돼지였는데
어느 화창한 봄날, 감옥을 나온 뒤
사람들이 그를 높이 쳐다보면서
어떻게 그 긴 겨울을 견디었냐고 우러러보면서
하루가 다르게 키가 커졌다

그는 자신이 실제보다 돋보이는 각도를 알고
카메라를 들이대면 (그 방향으로) 몸을 틀고
머리칼을 쓸어넘긴다.
무슨 말을 하면 학생들이 좋아할까?
어떻게 청중을 감동시킬까?
박수가 터질 시간을 미리 연구하는

머릿속은 온갖 속된 욕망과 계산들로 복잡하지만
카메라 앞에선 우주의 고뇌를 혼자 짊어진 듯 심각해지는

냄새나는 돼지 중의 돼지를
하늘에서 내려온 선비로 모시며

사람들은 그를 찬미하고 또 찬미하리라
앞으로도 이 나라는 그를 닮은 여우들 차지라는
오래된 역설이…… 나는 슬프다

하늘에서 내려온 여우

세계를 해석하는 입들은 지치지도 않네
마이크 앞에서 짖어대는
늙고 노회한 여우와
그를 따르는 어리고 단순한 개들

善을 말하는 입은
惡을 말하는 입보다 삐뚤어지기 쉬우니

기름기 흐르는 입술로 아름다운 말들로
대중을 속이는 당신
박수소리에 도취해, 자신의 위대함에 속아
스스로에게도 정직하지 못한 예언자

겸손한 문체로 익명의 다수를 향해 다정한 편지를 띄우지만
당신처럼 오만한 인간을 나는 알지 못하지

당신보다 차가운 심장을 나는 보지 못했어

계산된 '따뜻'에 농락당했던 바보가 탄식한다
늦었지만
순진을 벗게 해줘서 고마워
선생님.

비극의 시작

진짜 진주는 자신이 진주임을 모른다

뭇 구슬들이 시기하고
뭇 돼지들이 탐내는 보석,
진주는 자신의 빛나는 몸을 가리는 외투가 없다

자신을 보호할 껍데기가 없는 진주는
심심한 돼지와 한가한 여우들이 즐기는 간식

돼지들의 노리개가 되지 않기 위해
산으로 들어간 진주는
하루 이틀이 지나고 일 년이 못 되어
자신의 단단한 성이 답답했다

깊은 산중에서 혼자 지내다 병에 걸린
진주는 도시로 나왔다

하룻밤 잘 곳이 없어 찾아간 진주를
하나뿐인 친구는 병원냄새가 난다며
밖으로 내쫓았다
밖은 찬바람 에는 겨울,
붕대를 맨 진주의 손에서 피가 흘렀다
믿었던 친구에게 버림받은 그날 저녁,
진주는 여우를 만났다

여우와 진주의 러브스토리

짐승 중에 가장 인간에 가깝다는 여우 선생이
제과점에서 진주와 마주 앉아 우유를 마신다
여우는 진주의 모자가 잘 어울린다고 칭찬하고
진주는 여우의 목도리가 근사하다고 답례하고
가볍게 날씨 이야기를 나누다 둘은 일어선다
오후 다섯 시. 저녁을 먹기엔 이른 시각이었다

어디 가서 무얼 먹을까 마실까?
망설이던 진주에게 여우 선생이 불쑥 제안한다
우리, 버스 정류장에 가서 아무 버스나 탈까?
네?

여우와 진주는 버스를 타고 교외로 소풍 간다
　나란히 앉은 여우의 손이, 우연인 듯 진주의 손을 스쳤다
　그래서…… 여우와 진주의 러브스토리가 시작되었다

찻집에 들어가 서먹서먹 차를 마시고
서울로 귀환해 휘황한 길모퉁이에서
여우는 진주에게 따뜻한 밥 한끼를 대접했다
사소한 친절이었지만 진주는 감격했다
진주의 뺨에서 눈물이 고드름처럼 녹아 흘렀다

진주의 눈물을 보고 여우는 흐뭇해했다
(이제 진주가 곧 내 것이 되겠군)
여우는 진주에게 몇 가지 작은 친절을 더 베풀었다

그다음은 여러분이 짐작하시는 그대로다.

앵무새들

사람들은 나를 잊었다.
오래 나타나지 않자, 나의 친구들도 나를 잊었다.
오로지 나의 적들만이 나를 기억하고
앵무새들에게 박수를 보낸다.

내 목소리를 흉내내는 그대는 앵무새.
내가 가는 곳마다 쫓아와, 목청 높여 철 지난 운동가를 부르고
나를 따라 교회에도 가고 감옥에도 가고
연극이 끝난 뒤 미술관의 어두운 전시실에도 나타나는
그 목소리가 더 크고 그럴듯해
그들은 그가 가짜라는 사실을 잊는다.

나의 친구들이 그에게 내가 없는 동안
어릿광대짓을 계속하라고 돈을 주었다.

그보다 머리 좋은 또 다른 앵무새는
조금씩, 표시나지 않게 훔치는 법을 안다.
내가 상점에서 그녀에게 선물할 물건을 고르는 동안
(나는 그녀를 좋아했었다!)
그녀는 내가 이미 오래 전에 발표한 노래를 도적질했다.

그해 시월 내가 강둑에 앉아 방생했던 청춘의 빛과
그림자를,
내가 앉았던 자리의 허공 한 줌조차 훔치는 수법이 교묘해
아무도 그게 내 손바닥에서 나온 허공임을 눈치채지 못한다.

나의 적들이 그녀에게 왕관을 씌워주었다.

권위란 2

그 무거운 왕관을 쓰고자
장갑을 낀 채 악수를 나누고
이맛살을 찌푸리며 눈물을 말리고
터져 나오는 웃음도 양복 호주머니에 밀어넣는다.

그렇게 그들은 평생을 연극배우로 살다 간다.

최소한의 자존심

지금은 아니야.
나는 내가 완전히 잊혀진 뒤에 죽겠어.
알지도 못하면서 이러쿵저러쿵 떠드는 자들에게
무덤에서 일어나 일일이 대꾸하고 싶지 않으니까.

자격

우리 아파트 경비아저씨만큼도 나를 알지 못하는

당신들이 내 뒤에서 하는 말을 들었다
당신들에게 내가 하고픈 말이 있다

나도 완벽한 사람은 아니지만,

좀도둑도 살인자를 고발할 수 있고
살인자도 살인자를 고발할 수 있어

ㅊ

여기에 'ㅊ'으로 시작하는 제목의 시가 있었다. 그 시의 내용이 재판에 영향을 미칠까 염려되어 시집에서 빼기로 했다. 여기 그 흔적을 남겨둔다.

2부

내 영혼의 수몰지구

굳은 빵에 버터 바르듯

그는 내가 그를 사랑할 시간도
미워할 시간도 주지 않았다

언젠가, 기쁨도 고통도 없이
굳은 빵에 버터 바르듯
너희들을 추억하리라

햇빛 속의 여인*

가끔씩 나는 그 방에 간다
밤새 나를 지우고 비워낸 뒤
날카로운 아침햇살에 묶여
차마 일어날 용기가 없어
눈을 감는다

최후의 그날까지 이 고장난 기계를 끌고
밥을 먹이고 머리를 감기고
지겨운 양치질을 몇 번 더 해야 하나?
이를 닦다가 길을 걷다가도 문득
당신이 기다리고 있는 그 방을 그려본다
끊어진 손목, 피멍든 손으로
문을 두드린다
당신- 너무 빨리 왔군.

언제든지 원할 때 떠날 수 있다는 게

내 삶의 유일한 위안이었지

묘비명을 다시 고쳐 쓰고
충분히 지루했던 사십 년 생애 동안 나를 속였던
수많은 방들을 건너가 그 방에 간다
구겨진 몸을 담았던 껍질들을 벗으면
도시의 공허가 칼처럼 내리꽂히고

자신의 그림자에 갇힌
여자의 두 발은 움직이지 않는다

그녀는 그 어두운 사각형 밖으로 걸어나올 수 있을까?

---

* 에드워드 호퍼(Edward Hopper)의 그림 제목.

서울의 방*

남자는 신문을 읽는다
여자는 피아노를 친다

남자는 두 손을 바쳐 신문을 보지만
여자는 손가락 하나로 건반을 튕기며
그를, 그의 세계를 훔쳐본다

그들 사이에 커다란 문이 있다
그 문으로 연인들이 드나들고
생명들이 태어나
아이가 울고 어른들은 웃고
한때 그들도 행복했겠지만
행복을 연출했지만,

돌이킬 수 없는 세월의 벽이
입을 벌려 그들을 가로막는다

남자가 여자에게 싫증이 났나?
여자가 피아노에 싫증이 났나?

벽에 걸린 그림은 알고 있을까
누가 먼저 일어나
문을 열고 나갈 것인가

망설이는 여자의 얼굴엔 빛이 닿지 않는다

＊에드워드 호퍼(Edward Hopper)의 <뉴욕의 방>을 보고 쓴 시

대화 상대

레이몬드 카버를 읽으며
나는 그를 지웠다

소화되지 못한 아침밥이 뱃속에서 꾸르륵대고
머릿속에선 헤어진 그의 얼굴이 해석되지 못한 채
내가 만났던 그의 첫 미소와
어제의 굳은 표정이 겹쳐지고
그가 했던 말들이 돌아누운
가슴 위에서 맹렬하게 서로를 부정했다

레이몬드 카버를 읽고 목욕을 하고
나는 다시 나의 의자에 앉아
눈 덮인 겨울나무 가지 위에
부지런히 눈을 터는 새를 본다

설명할 수 없는 것들은 멀리서 빛나고

당신을 위해

나는 이 시를 억지로 완성하지 않으리

알겠니?

1. 담배 한 개비

내가 견딜 수 없는 건 나, 그리고 너.
겨우 생존하기 위해 참아야 하는 것들
부드러움 속에 감춰진 칼날, 버릇처럼 붙이는
안녕! 뒤에 숨겨진 무관심과 자잘한 계산들
풀리지 않는 생의 방정식. 왜? 또……

담배 한 개비가 타는 시간,
절망이 피어오르다 희망과 교대하고
물렁물렁한 것들이 단단해진다

가슴을 쥐어뜯다가도
금방 살아갈 구멍을 찾고
꿈을 꾸면서도 포기하는 나.
날마다 조금씩 자기를 파괴하면서

결코 완전히 파괴할 용기는 없었지

2. 고인돌

선운사 가는 길에 고인돌을 보았다
시커먼 돌덩이들이 시처럼 반짝였어
그만 멈추고픈 가슴이,
오래된 죽음을 보자 팔팔 뛰었지

이천오백 년 묵은 허무 앞에서
일 년밖에 안 된 연애는
허망할 것도 없었어. 티끌도 아니었어
단단한 허무에 엉덩이를 비비고 물을 마셨지
돌덩이들의 무시무시한 침묵,
이끼 낀 역사가 바람에 나부꼈어

사랑하고 싸우던 육체도, 영혼도 썩어 증발했으니

여기, 엄청난 비유가 누워있으니
멈추어라! 생각하며 말하던 것들이여.
순간에서 영원으로 비약하는 인간의 서투른 날갯짓,
천하를 주무르는 어떤 고매한 사상이
이 무거운 적막을 깨뜨릴 수 있는지

내 속에 고인 침이 돌로 굳기 전에
붙들 무언가가 필요해
살아가려면 어딘가에 목숨을 거는 척이라도
무르팍에 쌓이는 먼지를 견디려면
한밤중에 버튼을 눌러야 해
그래서 네 이름을 부른 거야,
알겠니?

3. 고인돌의 질투

시커먼 돌덩이들 옆에 봉긋 솟은 푸른 봉분 두 개.
늙은 주검에 이웃한 싱싱한 주검이 눈부셔
마주보는 무덤의
죽어서도 나란한 흙더미들의 통속을 질투했던가

4. 다시 선운사에서

옛 사랑을 묻은 곳에 새 사랑을 묻으러 왔네
동백은 없고 노래방과 여관들이 나를 맞네
나이트클럽과 식당 사이를 소독차가 누비고
안개처럼 번지는 하얀 가스……
산의 윤곽이 흐려진다

神이 있던 자리에 커피자판기 들어서고
쩔렁거리는 동전 소리가 새 울음과 섞인다

콘크리트 바닥에 으깨진
버찌의 검은 피를 밟고 나는 걸었네
산사山寺의 주름진 기와는 나를 알아보지 못했어

황혼

이마를 태우는 건
여름 한낮의 작열하는 태양만이 아니다
황혼 빛에 눈이 멀 수도 있다

바람 부는 날

키 큰 아카시아 밑에 도란도란 모여 앉은
빨간 사루비아, 노란 들국화

나무 그늘 아래 꽃들은
바람에 흔들리지 않았다

젊었을 땐 그 그늘이
부럽지 않았지

그러나 지금, 낯선 항구에서
세상의 바람을 온몸으로 맞으며 걸어가는 날.

날개에 힘이 빠져 멀리 날 수 없는 새처럼
고향으로 가는 길을 지워버렸나

철 지난 바닷가에

풍경으로 전락한 갈매기들.

해변에 떼 지어

하얀 뱃가죽 내놓고

우수憂愁를 말리고 있다

'바람부는 날'의 詩作 노트

　　오랜만에 가슴이 뛰어 시를 썼다. 동해안의 소읍으로 이사한 지 어언 한 달. 짐 정리하랴 집수리하랴 몸과 마음이 고달파 풍경이 보이지 않았다. 그러던 어느 날, 유난히 바람 사납던 날. 강릉의 운전면허시험장으로 가는 버스 안에서 무심히 돌린 시선에 그 꽃들이 들어왔다. 산바람과 바닷바람이 만나 휘몰아쳐 만상萬象이 중심을 잃고 흔들리는데, 모자가 날아가고 전봇대가 휘청이고 깃발이 펄럭이는데, 언덕 비탈에 옹기종기 모여 앉은 꽃들만은 꿈쩍도 안 했다. 키 큰 나무의 무성한 줄기와 잎새들이 우산 되어 바람을 막아주고 있었다. 아— 나는 그 고개 숙인 빨강과 노랑들이 부러웠다.

　　그리고 38선 휴게소 부근이었나? 하얀 뱃가죽 내놓고 바다를 등지고 서 있는 갈매기떼를 보았다. 여름이 다 갔는데도 남쪽으로 이동하지 않고 남은 철새들도 보았다. 그날 밤 시가 나왔다. 속에서 웅성대던 소리들이 국수 가락처럼 뽑혀 나왔다.

 산다는 건 내게 치욕이다. 시는 그 치욕의 강을 건너는 다리 같은 것. 내가 왜 어떤 항구에도 닻을 내리지 못하는 방랑자가 되었는지, 지난 시절의 이야기들을 나직이 풀어놓을 힘이 내게 남아있으면 좋겠다. 해변에 엉거주춤 서 있는 저 가엾은 백로들도 훌훌 털고 비상할 때가 있으리라.

_1999년 가을, 속초에서

한국영화를 위하여*

느끼지 못하는 바보들을 대신해
웃어주고 울어주는
영화는 위대한 사기,
현실보다 더 현실적인 환상.

영화를 독점하려는 것은
우리들의 꿈을 독점하려는 것.

할리우드여. 코카콜라여.
게스 청바지여. 아메리카여.
우리의 일상을 점령한 것으론 만족하지 못해
우리의 환상마저 지배하려는가
우리들의 꿈을 대신 꾸어주려는가

서로 다른 세계를 그리는 자유를 위해
작고 초라한 우리 누이들을 닮은 한국영화를 위해

싸워야 할 때인가,

침묵해야 할 때인가

---

*1998년 겨울, 스크린 쿼터제를 반대하는 한국영화인 모임에서 낭독한 시

Korean Air

I am a very stylish girl

I am a very stylish girl

……

(She is walking like a model)

Yes, you are a very sexy girl

May I ride on you?

Korean air.

**

대한민국을 대표한다는 항공회사의 국내 광고인데도 한국어가 한 마디도 들리지 않는 파격에 대응해, 나도 영어로 시를 만들었다.

아주 멋진 여자예요.

노래에 맞춰 그녀들은 몸을 흔들며 걸어나온다. 탐스러운 입술을 벌리고, 요부처럼 눈을 지그시 감고, 손을 뻗어 자신의 가슴을 쓰다듬는다.

목까지 올라간 정장차림의 제복이 어색하게 요염한 인형들은 포르노의 본질을 역설적으로 말해준다. 나체가 외설의 핵심은 아니다. 과도한 노출이 없어도 화면에 크게 잡히는 얼굴 표정과 몸짓으로 관객들에게 얼마든지 성적인 상상을 불러일으킬 수 있다. 상식을 허를 찌르는 발상은 성공적이었지만 뒷맛이 씁쓸했다. 아시아의 특유한 접대문화의 단면을 보는 것 같아서. 유럽이나 미국의 항공사들은 여자승무원의 관능을 전면에 내세운 홍보물을 만들지도 않거니와, 감히 공중파로 내보내지 못한다. 제복을 입은 여성들이 모델로 등장해 야한 몸짓으로 고객을 유혹하는 패션쇼가 어떻게 심의를 통과했는지? 여성노동자들을 성적인 기호로만 표현한 홍보물에 해당항공사의 노동조합은 어떤 반응을 보였는지? 여성단체들의 항의가 없었는지? 정말 대한민국은 이상한 나라다.

'a very stylish girl'은 페미니즘의 유행에도 불구하고, IT강국이라는 촌스러운 자랑이 부끄럽게도 우리나라가 아직도 전前근대적인 봉건사회임을 세계에 화려하게 광고했다.

서른아홉

갈아탈 역이

얼마 남지 않았다

서둘러라

서두르지 마라

아이의 새까만 눈동자로 빨려드는 경이만으로도

너의 生, 헛되지 않았으리

세기말, 제기랄

잔치가 끝난 뒤에도 설거지 중인
내게 죄가 있다면
이 세상을 사랑한 죄밖에.

한 번도 제대로 저지르지 못했으면서
평생을 속죄하며 살았다.

비틀거리며 가는
세기말, 제기랄이여.

옛날 시인

그는 걷는다. 도시의 시궁창에 코를 박고
달콤한 향수에 숨은 독한 사연들,
방금 구워진 소문들을 염탐하고

백화점 스카이라운지에 웅크린 권태와 일요일의 경멸,
성공하지 못한 계산과 자포자기의 살의殺意를 목격하는

그는 불행과 고통의 친구이며
망설이는 자들의 이웃,
어쩔 수 없이 사랑에 빠진 이들의 후원자.

미지의 바다를 탐험하며 항구마다 애인을 만들고
잠 못 이루는 밤이면 연인의 품에서 잠들기도 하지만
다음날 아침이면 벌써 고독이 그리워

창문을 열어제낀다

시멘트 벽에 흩어지는 빛과 바람을 모아
가난한 언어의 그물을 짠다

운이 좋아 그가 성공하면
푸른 창공을 가르는 한줄기 영롱한 구름처럼
노래가 솟아오른다
지상의 어느 보석도 그 앞에선 시들해질……

3부

축구장에서 생각한 육체와 정신

공은 기다리는 곳에서 오지 않는다

알제리 대학의 골키퍼였던 까뮈에게 '공'은
몸을 던져 막을 무엇이었고,
후보선수인 내게 공은
어떻게든 만지고픈 무엇이었다.
공은 그가 기다리는 곳에서 오지 않았다.
그가 보지 못한 뒤에서 날아온 공이 그를 쓰러뜨렸고
내가 기대하지 않던 친구의 도움이 나를 살렸다.

우리가 모르는 곳에서 공이 오고가며 게임이 완성된다.

정의는 축구장에만 있다

컴퓨터를 끄고
냄비를 불에서 내리고
설거지를 하다 말고
내가 텔레비전 앞에 앉을 때,
지구 반대편에 사는 어느 소년도 총을 내려놓고
휘슬이 울리기를 기다린다

우리의 몸은 서로 죽이기 위해서가 아니라
놀며 사랑하기 위해 만들어진 존재

그들의 경기는 유리처럼 투명하다
누가 잘했는지 잘못했는지,
어느 선수가 심판을 속였는지,
수천만의 눈이 지켜보는
운동장에서는 위선이 숨을 구석이 없다

하늘이 내려다보는 푸른 잔디 위에
너희들의 기쁨과 슬픔을 묻어라

남북축구대회에 나타난 반공의 딸

어머니처럼 틀어올린 머리에 우아하게 퍼지는 긴 치마를 걸치고, 아버지에게 배운 대로 딸도 북한에 다녀온 뒤 의자의 높이를 높였다. 자신과 신념의 색깔이 다른 수령님과 악수를 나눈 뒤에 경기장에 나타난 공주는 관중들을 내려다보며 조금도 머뭇거리지 않고 외쳤다.

"모두가 같은 꿈을 꾸면 그 꿈은 이뤄집니다"*

그녀는 알았을까?

그건 이십 년쯤 전에 내가 번역했던 볼셰비키의 연설문이었다.

---

*이 유명한 문장을 쓴 사람이 레닌인지 트로츠키인지 기억이 희미하나, 20세기초 러시아혁명기에 볼셰비키(Bolsheviki: 다수파)의 짧은 문건에 실린 슬로건이었다.

닮은 꼴

월드컵 골 모음 비디오를 보고 나는 알았다
같은 골은 하나도 없다
비슷하지만 다른 인생을 다루는
진짜 작가라면 같은 문장을 두 번 쓰지 않는다

인생보다 진실한 게임

돈과 폭력과 약물로 오염된
아무리 더러운 경기장에도
한 조각의 진실이 살아 움직인다.
그래서 인생보다 아름다운 게임이 축구다.

축구는 내게?

우중충한 흑백사진 가득한 앨범에 삽입된
발랄한 총천연색.
우울한 하루의 커튼 뒤에 펼쳐지는 생생한 풍경.
고통을 잠재우는 마약.

나는 왜 수비수가 되었나

 국민학교 피구선수였던 나는, 상대를 정확히 맞춰 때리는 재주가 없음을 일찍이 간파하고 용감한 수비수가 되었다. 전속력으로 날아오는 공을, 둥그런 아픔을 가슴으로 껴안으며 뻐근한 쾌감이 나를 관통했다. 자기를 버리는 기쁨을 안 뒤부터 승부는 내게 중요하지 않았다. 눈을 감고도 공만 보이던 그날부터 나만의 게임이 시작되었다.

 그러나 운동장 밖에는 더 큰 세상이 있어, 치명적인 공이 바로 내 앞에 떨어지기까지 누가 적이고 누가 진짜 친구인지 보이지 않았다. 아무도 내게 말해주지 않았다.

인간의 두 부류

공격수는 골대를 향해
수비수는 골대를 등지며 서 있고
공격수는 한 골로는 부족하지만
수비수는 득점을 못해도 실점이 없으면 만족한다

먼저 경기장에 나서지는 않지만, 때가 되면 나는
전 세계와도 맞서 싸우는 수비수가 되련다

4부

달리는 폐허 위에서

노트르담의 오르간

　우리는 우리가 '보고 들은' 만큼만 꿈꿀 수 있다. (얼음을 보고 만지지 못한 열대인들은 얼음을 상상하지 못한다) 노트르담 성당의 사진을 보고 돌기둥에 반사되는 색유리의 반짝임을 머리로 그릴 수는 있다. 그러나 파리에서의 마지막 밤에 내가 들었던, 이 세상의 소리 같지 않게 울려 퍼지던 파이프 오르간의 신비를 어찌 짐작할까. 얼마나 많은 기도들이 성당의 벽에 부딪혔을까? 고딕의 벽만큼이나 오래된 고뇌들이 한순간에 환생하여 솟구치다 소멸하는 기적을…… 우리는 경험의 우물 안에서만 상상하고 창조한다.

베르사유의 가을

　사치와 호화의 입구에 서서 나는 보았다. 옛날에 이 길을 향기롭게 차려입은 귀부인과 귀족들을 태운 마차가 꼬리를 물고 달렸으려니. 자욱하게 물러가던 안개 저편에 프랑스 소설의 한 장면이 아련히 떠올랐다. 발자크였나, 플로베르였나? 창백한 가로등 불빛이 호위하는 밤길을 달리는 마차 안에서 사랑하는 이의 장갑을 벗기고 처음 맨손을 만질 때의 느낌을 꽤 장황하게 묘사했었지. 베르사유에서 나도 장갑을 벗었다. 나의 거기는, 내 입술은 오래전에 더럽혀졌지만, 내 손은 아직 순결하다.

　영국식 정원의 연못가에서 나는, 조국도 부모도 없는 고아가 되어 다시 태어나고 싶었다. 과자를 부서뜨리는 입술이 비릿한 여자애처럼 뒤가 없는 현재이고 싶었다. 오리새끼들에게 내가 버리고픈 과거를 던져주었다. 물 위를 떠다니던 마음의 토막들은 어디로 갔을까. 비스킷처럼 잘게 부서져 썩어 없어졌을까. 금방 배고픈 오리들에게 잡아먹혀 심연 속에 가라앉았으면. 부스러기들도 다시는 내 앞에 출몰하지 않았으면.

ICI REPOSE 여기 쉬다

오베르에서* 빈센트의 묘비명을 번역하며, 세상과 소통하지 못한 자의 엄청난 피로가 내 머리 끝에 몰려왔다.

빈센트 반 고흐, 죽어서야 겨우 쉴 수 있었던 불쌍한 영혼. (그래도 그에겐 동생 테오가 있었다.)

죽어서야 사람들은 한꺼번에, 호들갑스럽게 이 불멸의 천재를 자신들의 거실에 받아들이고 멀리서 찾아와 그에게 꽃다발을 바쳤다. 하얀 비석 밑에 우거진 싱싱한 장미들은 하루도 시들지 않을 테니. 땅속의 그는 파이프를 피우며 옆자리의 동생에게 속삭이리라. 슬픔은 영원히 계속된다고

---

*오베르 Auvers-sur-Oise : 파리 교외의 작은 마을. 네덜란드 화가 반 고흐(Vincent van Gogh 1853-1890)와 그의 동생 테오(Teo van Gogh 1857-1891)가 오베르의 묘지에 나란히 묻혀있다.

베니스의 유령

 그때쯤이면 아마 나는 길가의 카페에 앉아 비둘기 떼들을 쫓고 있을 것이다. 정오의 햇살이 피곤한 이마 위에 부서지고, 내 눈은 분수대를 지나 새떼들에게 점령된 광장을 맴돌겠지. 관광객들이 철새처럼 무리 지어 와글거리는 거리에 흘낏 멈춰서면, 잠자던 유령이 깨어난다.

 열 편의 시를 쓰고도 내 안의 그를 몰아내지 못했다. 강철처럼 단련된 열 개의 마침표로도 그를 살해하지 못했다. 밤마다 호텔을 바꾸고 낯선 풍경들 속에 나를 수백 번 구겨넣어도, 한낱 티끌로 우주 밖을 떠돌아도…… 평화는 구걸하는 자에게 오지 않는다.

발자크의 집을 다녀와

 이백 년 전에 살았던 이 어처구니없는 남자를 생각하면, 이제는 미술관이 된 '발자크의 집'을 지키며 대낮에도 졸고 있던 아줌마와, 매표소로 변한 부엌에서 수도꼭지를 틀어 물을 마시던 젊은 오후, 여러 번 가필해 독창적인 걸레처럼 지저분해진 원고지가 파시Passy의 골목길에 진열된 먹음직한 케이크 위에 펼쳐진다. 발자크가 살아있다면 입맛을 다셨을 예술적인 디저트를 욕망했으나 나는 문을 열고 들어가지 않았다.
 석탄 푸대나 다름없는 수도복 밑에 가위와 칼을 매달고 문학 요리에 전념하다, 몇 년에 한 번 발작처럼 가망 없는 연애에 매달려 목숨을 소진했던 가련한 사람. 연인에게 달려가며 삼십 분마다 마부에게 팁을 주었다는 우스꽝스런 이야기. 그리고 세속의 먼지를 뒤집어쓰고도 팔짱을 풀지 않았던 바위 같은 자아가 로댕의 조각과 겹쳐진다.

나 또한 그처럼 어리석었으니, 재능은 발자크에 못 미치나 어리석음에서는 그에 못지않았다. 다시 살아야겠다. 써야겠다. 싸워야겠다.

런던의 실비아 플라스*

우유배달부가 오기 전의 푸른 새벽에
그녀는 생명의 창문을 닫았다
삼십 년의 커튼을 내리며
흔들리던 하늘에는 무엇이 쓰여 있었을까

그녀가 마지막으로 보았을 허공을,
죽음에 이른 고독을 지금 내가 보고 있다

천 번의 빗질에도 가라앉지 않던 예민한 머리카락을
이른 아침의 순결한 바람이 애무했던가

2005년에 재현된 실비아를 보며
나는 내 어머니를 이해했다

아버지가 귀가하기 전에 우리는 그 방에 들어갈 수 없었다

종이처럼 빳빳한 이부자리를 준비하던
당신의 가느다란 손가락을 내가 닮았다

영화가 끝나고 열려진 창.
바람에 날리는 책장. 남겨진 유고를
그녀인 듯 만지던 남자의 건강한 손.
생활의 승리를 목격하고 나는 일어났다

배반당하더라도
이 지저분한 일상을 끌고 여행을 계속하련다

---

*실비아 플라스 (Sylvia Plath 1932-1963): 삼십 세에 자신의 집에서 가스를 틀어놓고 자살한 미국의 시인.

외국어로 고백하기

로마로 가는 열차에서, 나는 그에게 나를 보여주었다.
보르도의 카페에서, 나는 그녀에게 나를 읽어주었다.
늦어서 미안해요. 괜찮습니다.
구두가 참 이쁘네요.
커피 아니면 홍차?
이탈리아를 좋아하세요?
서울의 여름도 보르도처럼 더워요?

 사교의 예식을 생략하고 우리는 상대에게 자신을 던졌다. 서로의 심장을 만지고 썩은 창자를 뒤집어 보였다. 뒤엉킨 생각과 감정의 실핏줄들을 몇 마디로 정리해서 서로에게 안겼다. 식탁 위의 오믈렛이 식기 전에 나는 그녀의 어제와 오늘을 마법의 구슬로 들여다보듯 명쾌하게 포크로 찍어 떠올렸다.
 외국어로 고백하기란 얼마나 쉬운가. 철수와 순이에게 감추었던 복잡한 자화상을 리처드와 파트리샤에게 그려주며, 마음을 내려놓았다. 보르도에서 만난 푸른 눈동자 속으로 들어가 나는 편안하게 다리를 뻗었다. 고해 뒤의 지저분한 뒤끝 없이.

지중해의 노을

 나폴리에서 폼페이로 가는 기차에서 나는 영원에 도달했다. 달리는 스크린의 끝에서 끝으로 천년의 바다가 대기를 밀어올리고 미완성의 연애처럼 아련하게 퍼지는 막막함. 형태 없는 아름다움이 하늘 끝까지 피어올라, 목적지를 향해 돌진하는 20세기의 바퀴소리를 잠재웠다. 흐린 분홍의 수증기가 토해낸 추억의 소란함이여.

 내가 읽은 만 권의 책을 불살라도, 단단한 강철의 창틀을 밀어내며 내 눈을 적시는 부드러움을 만들지 못하리라. 나와 바깥이 구분되지 않았던 찰나였지만, 우주가 내게 팔을 벌렸다. 바람과 빛과 물이 포개지며 生과 死가 맞닿고, 순간이 영원이었다. 내가 지중해이며 내가 노을이었다.

 번호표가 붙은 좌석의 안락을 거부하고 창가에 서

서 술렁이던 그리움이여. 추억에 갇힌 그를 황혼의 바다에 풀어주며 나는 돌아섰다. 허랑허랑 빈손으로 폼페이를 찾아가는 이 몸도 달리는 폐허인 것을……

5부

짐승의 시간, 인간의 시간

시대의 우울

그처럼 당연한 일을 하는데
그렇게 많은 말들이 필요했던가

박정희가 유신을 거대하게 포장했듯이
우리도 우리의 논리를 과대포장했다
그리고 지금, 그 대가를 치르고 있다

관념으로 도배된 자기도취와 감상적 애국이
연구실에서 광장으로
감옥에서 시장으로 나온 흑백논리가
종이로 인쇄되어 팔리는

이것이 진보라면 밑씻개로나 쓰겠다
아니! 더러워서 밑씻개로도 쓰지 않겠다

대학시절 사진을 달라는 기자에게

내 앨범에는 이십대가 없다
입학식과 졸업식만 있지 중간이 텅 비었다
셔터를 누르는 몇 초만이라도 편안히 멈추어
나를 응시할 계절이 없었으니,
누가 누구와 친한 증거를 남기지 않으려
이미지에 불과한 종이조각 때문에 곤란한 일을 당할까봐
우리는 우리의 싱그러운 젊은 날들을,
싱그러우며 황폐했던 청춘을 기념하지 않았다.
친구를 감옥에 보낼지도 모르는
자본의 기술을 우리는 거부했다.
친구도 애인도 없는, 뻥 뚫린 부재에 대해
빼앗긴 봄날에 대해
나는 전두환과 노태우를 용서할 수 없다.
그러나 그는 오늘도 웃으며 하루를 보낸다지.
골프를 즐긴다지.

추억의 교정에 스물하고도 다섯 번째의 가을이 피었다 지고, 혁명도 자유도 진부해진 중년의 거실에 웅크려 나는 독재자를 단죄했다.

산과 바다

설악산과 동해, 1984년과 2000년이 한눈에 들어오는 10층에서 커피를 식히며, 나는 그를 용서하지 못했다. 비명을 지르며 비명을 삼켜야 했던 입을 내가 잊을까. 무참히 짓밟혔던 설악의 밤을, 알고도 침묵했던 비겁한 철학자들을 내가 잊을까. 산에서 만들어진 상처를 바다가 씻어줄까. 하늘과 가까운 속초의 찻집에서, 바르셀로나에 밑줄을 그었다.

횡단보도를 건너며

 어릴 적, 문막의 섬강에서 자연의 장엄한 교향악을 들었다. 강가의 너럭바위에 앉아 올려다본 밤하늘은 경이로웠다. 보석처럼 반짝이다 시냇물이 되어 졸졸 흐르던 은하수와 사랑에 빠졌던 밤을 언제까지나 간직한다면, 나는 늙지 않을 텐데.

 어느덧 순진을 벗은 나는 밤에도 낮에도 하늘을 올려다보지 않는다. 땅도 내려다보지 않는다. 하굣길에 떨어진 자갈을, 숨겨진 보물을 주우려 허리를 굽히지 않는다. 누가 나를 수상하게 볼까봐 주위를 살피지도 않는다. 여름방학도 숙제도 없는 사십대의 생활인은 점심을 먹으려 횡단보도를 건넌다. 길가의 코스모스를 그냥 지나쳐 도로표지선이 8개나 그어진 교차로에서 신호등만 쳐다본다. 파란불을 받기까지 땡볕에 서 있는 5분을 참지 못해 짜증을 내며, 오늘도 나는 한끼의 밥을 위해 건들건들 길을 건너간다. 얼마나 더 건너가야 끝이 보일까.

권력의 얼굴

이십 년 전, 텔레비전에서 나는 보았다
그는 그의 인민들처럼 회색의 검소한 인민복에
굽 낮은 노동화를 신었지만

담배를 피우며 느긋하게 웃는
푸짐한 몸과 표정은 그의 인민들과 달랐다
이북에선 최고지도자만이 그런 세련되고
복잡한 미소를 지을 줄 안다
그의 왕국에선 그만이 자유롭다

십년 전, 방송에서 그의 아들을 보았다
아버지보다 뚱뚱한 몸통에 뭉툭한 얼굴이지만
아비처럼 부드럽게 미소 짓는

그의 부하들을 어제 상암경기장에서 나는 보았다
가슴팍에 김일성 배지가 빛나는

그들은 하나같이 웃지 않았다
깡마른 몸에 뻣뻣하게 굳은 그을린 얼굴들은,
북에서 온 기자들은 내게 외국인보다 낯설었다
동족에 대한 예의로, 촌스러운 검정 양복들을 의식해
나도 선글라스를 벗었다
늦여름의 따가운 햇살에 난타 당하며
나도, 자유롭지 않았다

짐승의 시간

강물에 떠내려가는 그 손가락은
르완다에서 살해된 누군가의 마지막 비명.
얼굴도 팔도 없이 잘린 손가락은
아프리카가 아니라 유럽의 양심을 겨누는 화살.

당신들이 들어오지 않았으면 우리는
미치도록 서로를 증오하지 않았어.

강물을 따라 흘러가는 학살의 파편들에는
부족의 낙인이 찍혀있지 않다.
오, 어리석게도 우리는 같은 손가락끼리 싸웠으니.

인류가 존속하는 그날까지 마르지 않을 광기를 음미하며
나는 문명의 껍질을 벗겼다.
우리는 인간이기 이전에 서로 먹고 먹히는 살덩이.

나는 거기에 없었어.

내가 모르는 일이야.

편안히 소파에 앉아 짐승의 시간을 부정하기 전에,

나도 그를 죽이고 싶도록 미워했었다.

44년 전의 오늘

퉁퉁 부어오른 여자의 밑에 매달린 나는
의지할 데라곤 언제 끊어질지 모르는 탯줄과
쓰러진 어미의 따뜻한 가슴밖에 없던
짐승의 새끼였다.

44년 뒤에 나는
4개의 번호를 누르면 열리는 현관문과
5개의 문자로 열리는 노트북과
6개의 번호를 기억하면 하루 세 끼를 살 수 있는 통장과
13개의 숫자로 나를 타인과 구분하는 주민등록증을 소유했다.

내게 속한 기다란 번호들에도 불구하고
믿을 수 있는 건 44년 전의 끈끈한 줄.
언제 끊어질지 모르는 목소리.

미역국 먹으러 오라는 어머니의 전화를 물리치고
친숙하나 성가신 애정을 뒤로 미루며
나는 다시 갓난아이가 되었다.

이장 移葬

제대로 묻지 않아 비만 오면 파헤쳐지는 과거를,
유해들을 수습해 검은 보자기에 싸서 다시 매장했다.
양지 바른 언덕에, 예의를 다해.
무덤 위에 고맙게도
파릇파릇 잔디가 돋아
어머니의 눈물을 덮어주었다.

육체와 영혼에 대한 어떤 문답

A : 너, 왜 그 남자랑 못 헤어지니?

B : 난 그 남자의 영혼을 봤거든. 그래서 미워할 수가 없어. 그가 무슨 짓을 하든…… 말하자면 연민의 정이지.

A : 그런데 도대체 영혼이 무엇일까? 어떻게 생겼을까?

B : 육체를 뺀 나머지지.

눈 감고 헤엄치기

세상이 아름답다 말한다고
지구가 더 아름다워지지 않는다.
간판들로 둘러싸인 광장에서 큰 글씨로
꽃과 나무와 더불어 숲을, 숲에 묻혀 사는 낭만을
예쁘게 찬미할 수 없는 나는—

밖에서 더 잘 보이게 만들어진 어항 속의 물고기처럼
눈을 감고 헤엄치는 나의 언어들은—
요리사 마음대로 요리하기 쉬운, 도마 위에 오른 생선.
솜씨 없이 무딘 칼에도 무방비일지언정
내 시에 향수와 방부제를 뿌리지는 않겠다.

자신의 약점을 보이지 않는 시를 나는 믿지 않는다.

시인의 말 _ 2005년 초판

『꿈의 페달을 밟고』 이후 7년 만에 세 번째 시집을 준비하며 감회가 새로웠습니다. 저 자신에게도 어색했던 시인이 되어 글쓰기를 업으로 삼아 생활한 지 어느덧 십삼 년입니다. 낯선 신인을 세상에 소개하신 최원식 선생님과 최승자 선생님께 그동안 미처 표현하지 못했던 감사의 말을 뒤늦게 드립니다. 저의 시들이 더 넓은 세계와 만나는 다리를 놓아준 제임스 킴브렐James Kimbrell과 유정열 님, 사라반드 출판사의 사라 고햄Sarah Gorham, 짧지만 정확한 비평을 선물한 체이스 트윗첼Chase Twichell에게도 고마움을 보냅니다.

영혼이 실린 아름다운 추천사로 시집을 빛내주신 신경림 선생님과 천양희 선생님께 삼가 존경과 감사를 바칩니다. 정열적인 글을 주신 김태영 선생님과 사진을 찍은 정하경의 수고에 감사드리며 시집을 편집해주신 여러분과 새 책을 내는 기쁨을 나누고 싶습니다.

쉽지 않은 세월이었지만, 내 옆에서 자라는 생명에 대한 사랑의 힘으로 나는 살아남았다. 어려운 시절에 힘이 되었던 벗, 김영화와 성숙경 님에게 특별한 고마움을 전하고 싶다.

나의 선택이 항상 옳지는 않았지만, 그렇게 살 수밖에 없었던 운명을 마흔이 넘어 이해했다. 너무 늦기 전에 깨달음을 내려주신 신에게 감사하며 내일도 나는 광야에 홀로 서 있을 것이다.

—2005년 가을, 일산에서
최영미

시인의 말_2014년 2판

『돼지들에게』를 완성한 뒤에 내가 맛본 쾌락은 특별했다. 2004년 여름이었던가. 내가 드디어 진정한 창조자가 되었다, 라는 뿌듯함이 밀려와 세상을 다 가진 듯 행복했다. 이전까지 내 시들이 경험에 주로 의지했다면, 『돼지들에게』의 1부에 실린 시들은 상상이 경험을 제압하는 진짜 '작품'이다.

큰 수술을 앞두고 마침 시집이 배달되어 재미있게 읽었다는 선배도 있었고, 우리 어머니처럼 무슨 말인지 모르겠다는 어르신도 있었고, 분개하는 남자들도 있었다. 시집이 출간된 2005년 겨울에 어느 신문의 문화면에서는 올해 문단의 스캔들로 '돼지들에게'를 거론했다.

시와 시인을 동일시하여, 모든 표현들을 자전적으로 읽는 분들에게 부탁하고 싶다. 나는 '진주'가 아니다. 진주가 곧 여자의 '그것'을 의미하지는 않는다. 문학 작품을 세상에 내놓으며 시인이 이렇게 친절하게 작품을 설명해야 하나. 내 시집이 일으킨 약간의 소란을 지켜보며 새삼 내가 어떤 사회에 살고 있는지 통감했다. 한국사회는 여전히 봉건적이며, 또한 매우 동질적이다. 돼지들의 분노와 공격은 한편 내 시에 대한 상찬이었으니, 그만큼 내 시가 그럴듯해 보였다는 증거 아니겠는가.

나는 '돼지'와 '진주'의 비유를 통해, 자신을 방어할 능력이 없는 약자에 대한 강자들의 횡포와 탐욕을 비판하고 싶었다. 여우는 누구인가? 여우의 정체는 누구인가? 혹시 누구 아니냐며, 실명을 대며 내게 살며시 혹은 노골적으로 물어보는 이들에게는 내가 미리 준비한 답변을 주련다.

시 속에 등장하는 돼지와 여우는 우리사회를 주무르는 위선적 지식인의 보편적인 모델이다. 『돼지의 변신』을 쓰기 전에 머릿속에서 생각한 아무개가 있었으나 시를 전개하며 나도 모르게 그를 넘어섰다.

 사랑도 받고 미움도 받았던 시집이라 수명이 길지 않을까. 요즘 독자들이 어떻게 이 시집을 읽을지, 자못 기대된다.

—2014년 2월, 최영미

시인의 말__ 2020년 개정증보판

 2005년 시집 〈돼지들에게〉의 초고를 정리하며 나는 '돼지들에게'가 나의 마지막 시집이 될 줄 알았다. 그 뒤에도 〈도착하지 않은 삶〉〈이미 뜨거운 것들〉 그리고 〈다시 오지 않는 것들〉까지 시집 3권을 더 펴내고, 〈돼지들에게〉 초판에 이어 2014년에 2판 그리고 이제 3판인 개정증보판의 후기를 쓸 줄이야.

 2판 시집의 표지가 내 취향과 달라 바꾸고 싶었다.
 표지를 바꾸는 김에 시도 새로 손보고 배치를 다시 했다. 작년에 시집 〈다시 오지 않는 것들〉을 엮으며 이런저런 이유로 뺀 시 3편 '착한 여자의 역습' '자격' 'ㅊ'을 편집자와 의논 끝에 〈돼지들에게〉 개정판에 넣기로 했다. 이 시집에 대한 일부의 오독은 나의 운명이려니, 체념하다 미투Me Too 이후에 새로운 희망이 생겼다. 이제는 내 시들이 제대로 평가받을 수 있지 않을까.

편집과 교열을 책임진 김소라 님, 2005년 초판에 이어 개정증보판의 표지 작업을 맡은 디자이너 여현미 님. 우리 셋이 함께 작업하기는 이번이 세 번째인데, 여러모로 서투른 출판사 대표인 나를 참아준 두 사람에게 고맙다. 홈페이지를 만들고 사진을 찍고, 이미의 책이 나올 때마다 홍보 포스터를 만들고 이런저런 급한 일들을 해결해준 사촌동생 이정우에게 큰 빚을 졌다.

귀한 글을 주신 신경림 선생님, 유종호 교수님 그리고 천양희 선생님과 김태영 교수님께 마음속 깊이 감사드리며, 새해 새롭게 단장한 시집을 세상에 내놓는다.

―2020년 1월, 최영미

추천사__ 2005년 초판

"서른, 잔치는 끝났다"고 세상에 폭탄선언을 하던 그가 오늘은 '설명할 수 없는 것들은 멀리서 빛난다'고 한다. 그럴 때 그의 시편들은 형태 없는 아름다움 같고 단단한 허무 같다. 생은 풀리지 않는 방정식이라는 그의 시 속에는 비애스런 비명이 살고 있다. 참으로 육체와 영혼에 대한 어떤 문답이 서늘하게 박히지 않는 이 시대에 최영미는, 죄가 있다면 세상을 사랑한 죄밖에 없다고 아프게 토로한다.

__천양희(시인)

시에 나오는 한국의 현재는 아름답지만은 않다. 탐욕스런 돼지가 활보하고, 얍삽한 여우들이 기회를 노리고 있고, 위선자들이 득세한다. 그럼에도 불구하고 시인은 자신의 나라와 화해하고 민족을 받아들인다. 그 모습 그대로.

__김태영(홍익대 영어과 교수)

돼지들에게

1판 1쇄 발행 2005년 11월 25일
2판 1쇄 발행 2014년 3월 11일
3판 (개정증보판) 1쇄 발행 2020년 2월 10일
3판 (개정증보판) 2쇄 발행 2020년 3월 3일

지은이 최영미
편 집 김소라
디자인 여현미

펴낸이 최영미
펴낸곳 이미
출판등록 2019년 4월 2일 (제2019-000097호)
주소 서울시 마포구 마포대로 89 마포우체국 사서함 11
이메일 imibooks@nate.com
홈페이지 www.choiyoungmi.com
페이스북 www.facebook.com/youngmi.choi.96155

ⓒ 최영미 2020
ISBN 979-11-967142-2-2 03810

이 책 내용의 전부 또는 일부를 재사용하려면
반드시 저작권자와 출판사의 동의를 받아야 합니다.

책값은 뒤표지에 있습니다.